MW01700702

BILBO

JEUNESSE

Premier voyage pour
Momo de Sinro

Du même auteur

Jeunesse

Premier boulot pour Momo de Sinro, Québec Amérique, 1998.
Pince-nez le crabe en conserve, Pierre Tisseyre, 1999.
Premier trophée pour Momo de Sinro, Québec Amérique, 2000.
Première blonde pour Momo de Sinro, Québec Amérique, 2001.
Première enquête pour Momo de Sinro, Québec Amérique, 2002.
Petit héros dit ses premiers mots, ill. Marc Mongeau, Les 400 coups, 2002.
Petit héros fait ses premiers pas, ill. Marc Mongeau, Les 400 coups, 2002.

Adulte

Agénor, Agénor, Agénor et Agénor, Les Quinze, 1981.
La Tribu, Libre Expression, 1981.
Ville-Dieu, Libre Expression, 1983.
Aaa, Aâh, Ha ou les amours malaisées, L'Hexagone, 1986.
Les Plaines à l'envers, Libre Expression, 1989.
Nulle Part au Texas, Libre Expression, 1989.
Je vous ai vue, Marie, Libre Expression, 1990.
Ailleurs en Arizona, Libre Expression, 1991.
Le Voyageur à six roues, Libre Expression, 1991.
Pas tout à fait en Californie, Libre Expression, 1992.
Moi, les parapluies... Libre Expression, 1994.
Vie de Rosa, Libre Expression, 1996.
Vie sans suite, Libre Expression, 1997.
Cadavres, Gallimard (Série Noire), 1998.
Tant pis, VLB, 2000.
Chiens sales, Gallimard (Série Noire), 2000.
J'enterre mon lapin, VLB Éditeur, 2001.
L'ennui est une femme à barbe, Gallimard (Série Noire), 2001.
Route barrée en Montérégie, Libre Expression, 2003.

NOUVELLES

Longues Histoires courtes, Libre Expression, 1992.

ESSAIS

Écrire en toute liberté, Éditions Trois-Pistoles, 2001.
Carnets de campagne, ill. Jean-Paul Ladouceur, Les Heures Bleues, 2002.

Site Internet de l'auteur: www.barcelo.ca.tc

Premier voyage pour
Momo de Sinro

FRANÇOIS BARCELO
ILLUSTRATION : GENEVIÈVE CÔTÉ

124

QUÉBEC AMÉRIQUE Jeunesse

Données de catalogage avant publication (Canada)
Barcelo, François
Premier voyage pour Momo de Sinro
(Bilbo-jeunesse ; 124)
(Momo de Sinro; 5)
ISBN 2-7644-0277-5
I. Titre. II. Collection. III. Collection: Barcelo, François, 1941- .
Momo de Sinro; 5.

PS8553.A761P72 2003 jC843'.54 C2003-940739-X
PS9553.A761P72 2003
PZ23.B37Pr 2003

Nous reconnaissons l'aide financière du gouvernement du Canada par l'entremise du Programme d'aide au développement de l'industrie de l'édition (PADIÉ) pour nos activités d'édition.

Gouvernement du Québec – Programme de crédit d'impôt pour l'édition de livres – Gestion SODEC.

Les Éditions Québec Amérique bénéficient du programme de subvention globale du Conseil des Arts du Canada. Elles tiennent également à remercier la SODEC pour son appui financier.

Québec Amérique
329, rue de la Commune Ouest, 3e étage
Montréal (Québec) H2Y 2E1
Téléphone: (514) 499-3000, télécopieur: (514) 499-3010

Dépôt légal: 3e trimestre 2003
Bibliothèque nationale du Québec
Bibliothèque nationale du Canada

Révision linguistique: Diane Martin
Mise en pages: Andréa Joseph [PAGEXPRESS]

www.quebec-amerique.com

À Alexandra,
la plus petite (mais pas la moindre)
de mes petites-filles

Une tomate avec un drôle de numéro

Quelqu'un frappe à la porte. Lucie, la mère de Momo, va ouvrir.

— Je vous ai apporté des tomates de mon jardin, annonce monsieur Pacossi.

— Elles sont superbes. Vous n'auriez pas dû. Entrez donc prendre un verre de vin.

— Je ne voudrais pas vous déranger.

— Mais non, ça me fait toujours plaisir de parler avec vous. Maurice, va porter ça dans la cuisine.

Momo prend le sac de tomates. Sur le comptoir de la cuisine, il les place dans le panier d'osier où elles achèveront de mûrir. Mais il remarque une chose bizarre. Une des tomates a un petit autocollant avec un numéro. C'est le genre d'étiquette qu'il y a sur les fruits dans les supermarchés pour permettre à la caisse enregistreuse de savoir combien ils coûtent.

Comment une tomate qui a poussé dans le jardin de monsieur Pacossi peut-elle être ornée d'une étiquette autocollante ? Momo devine tout de suite la réponse : c'est parce qu'elle vient du supermarché !

Mais pourquoi monsieur Pacossi fait-il croire que les tomates qu'il a achetées au supermarché ont poussé dans son jardin ?

Cela demande à Momo un peu plus de réflexion. Au bout de trois secondes, pas une de plus, il a compris : monsieur Pacossi s'ennuie, tout seul chez lui. Il aime bien, plusieurs fois par semaine, venir parler avec Lucie. Pour ça, il a besoin d'un prétexte. Il ne peut quand même pas entrer et demander : « Ma chère Lucie, offrez-moi un verre de vin. » Alors, il apporte des pommes, des fraises ou des tomates, et prétend que tout ça vient de son jardin. L'hiver, parce que rien ne pousse, il arrive souvent avec un livre qui devrait intéresser sa voisine.

Voilà justement Lucie qui vient dans la cuisine chercher une bouteille de rosé et des pistaches, parce qu'elle trouve que du vin ça se boit toujours mieux quand on grignote un petit quelque chose. Momo, sans dire un mot, lui montre l'étiquette sur la tomate.

Lucie sourit, se contente de mettre un doigt sur sa bouche :

— Chut !

Elle le savait, que c'étaient des tomates de supermarché ! Mais elle fait semblant de ne pas le savoir. Pourquoi ? Pour éviter d'humilier monsieur Pacossi.

Momo va s'asseoir avec les autres à la table de la salle à manger. Il aime bien les pistaches. Surtout depuis que monsieur Pacossi lui a montré comment faire pour celles dont l'ouverture est trop petite : on prend une demi-écaille, on l'insère dans la fente de la pistache et on n'a qu'à tourner pour l'ouvrir sans se casser les ongles.

Lucie et monsieur Pacossi éclatent de rire. Momo se demande pourquoi. Distrait par une pistache récalcitrante, il ne suivait pas la conversation. Mais il a tout à coup une vision de cauchemar : Lucie prend autant de plaisir à recevoir leur voisin que le vieux peintre en a à s'inviter chez eux. Qu'est-ce que ça signifie ? Qu'ils pourraient se marier un jour ! Oui, même si monsieur Pacossi est quatre fois plus vieux que sa mère (pas tout à fait, calcule mentalement Momo, mais au moins deux fois, si ce n'est pas trois), c'est une chose qui peut arriver. Madame Beaulé, la maîtresse d'école, a été l'objet de toutes les conversations à Saint-Romain-des-Champs, l'année dernière, quand elle a épousé un cultivateur qui avait quinze ans de moins qu'elle.

Qu'est-ce qui va se passer quand Lucie va se marier avec Alexandre Pacossi ? Tout le village va rire d'elle derrière son dos – et en plein sous le nez de Momo.

Le pire, c'est que rien ne peut empêcher ça. Lucie a eu ses papiers de divorce l'an dernier. D'ailleurs, ça explique tout : pourquoi aurait-elle demandé le divorce si ce n'était pas pour se remarier ?

— Tu as l'air bien songeur, Maurice ? demande monsieur Pacossi.

Momo s'apprête à lui dire que non, il n'est pas songeur, et que, à bien y penser, ce n'est pas de ses affaires si le vieux peintre épouse sa mère. Quand il va lui-même décider de se marier avec Jessica Laliberté, il ne demandera l'avis de personne. Mais le téléphone sonne avant qu'il ait le temps d'ouvrir la bouche.

Lucie se lève, va répondre. Juste à voir son visage, Momo devine qui est à l'autre bout du fil.

Sa mère a deux attitudes possibles quand elle répond au téléphone. Ou bien elle est joyeuse si c'est quelqu'un qu'elle connaît. Ou bien elle fait une espèce de grimace embêtée quand quelqu'un essaie de lui vendre une thermopompe ou un abonnement à un journal.

Il n'y a qu'une personne qui peut téléphoner et lui donner les deux visages en même temps : à la fois joyeux et triste, intéressé et ennuyé.

Cette personne-là, c'est Emmanuel.

Et Emmanuel, c'est le père de Momo.

Une invitation épatante mais pas tellement tentante

Au téléphone, Lucie parle plus longtemps que d'habitude avec le père de Momo. Elle dit souvent « oui » ou « peut-être ». Et aussi, une fois : « L'école commence le 27. Il faut qu'il revienne quelques jours plus tôt, à cause du décalage horaire. »

Finalement, elle soupire :

— Une semaine, ça pourrait aller. Mais tu devrais lui demander toi-même.

Et elle tend l'appareil à Momo.

Ça fait déjà cinq ans qu'il n'a pas vu son père, qui lui téléphone de temps en temps. Au moins une fois à Noël ou au jour de l'An, et une autre fois pour son anniversaire – pas toujours le jour même, mais au plus tard dans la semaine qui suit.

Aujourd'hui, ce n'est ni le 25 décembre, ni le 1er janvier, ni l'anniversaire de Momo, ni la semaine d'après.

— Bonjour, Maurice, comment ça va ?

— Pas trop mal.

C'est vrai : ça ne va pas trop mal pour Momo, à part le fait qu'il va faire rire de lui quand sa mère va se marier avec un petit vieux.

— Est-ce que ça te dirait de venir faire un tour à Nice ?

Momo sait où est Nice : c'est une ville, dans le Sud de la France, où est le restaurant de son père. Ce serait épatant d'y aller. À l'école, la géographie est sa matière préférée et Momo rêve de faire un jour le tour du monde. Aller en France, ce n'est pas exactement le tour du monde, mais c'est quand même un vrai voyage, pour lui qui n'est jamais allé plus loin que Montréal.

Par contre, il n'est pas sûr d'avoir envie d'aller chez son père, qui s'est remarié récemment avec une femme dont Momo ne sait rien. C'est peut-être une petite vieille, s'il a le même genre de goût que Lucie, ce qui n'est pas impossible puisqu'ils ont déjà été mariés ensemble...

— Faudrait que j'y pense, répond-il prudemment.

— Commence par en discuter avec ta mère, puis rappelez-moi.

Momo raccroche.

— Rien de grave? demande monsieur Pacossi en voyant la mine déconfite de ses amis.

— Son père l'invite à passer une semaine chez lui en France, explique Lucie. Il aurait préféré deux semaines, mais l'école débute bientôt.

— Un voyage en France ? C'est une très bonne idée, ça !

Une très bonne idée ? Pas pour Momo. Non seulement il va retrouver ce père qui ne devait pas l'aimer beaucoup, puisqu'il les a quittés, lui et sa mère. Mais, en plus, il est quasiment sûr que monsieur Pacossi sera installé à la maison quand il reviendra – à moins que Lucie ne préfère déménager chez lui parce qu'il a une maison plus grande.

— Vous l'accompagnez ? demande encore monsieur Pacossi.

— Non. Il offre le billet d'avion à Momo, mais ça m'étonnerait qu'il paye le mien.

— Je peux vous prêter l'argent, si vous voulez. Vous me le rendrez quand vous pourrez. Je viens de vendre un tableau…

— Pas question. Je ne peux pas perdre une semaine de salaire. De toute façon, je n'ai pas du tout envie de le voir.

Alexandre Pacossi hoche la tête et sourit, apparemment très content de constater que Lucie Monette n'a pas envie de retrouver son ex-mari. Il se tourne vers Momo.

— Tu vas adorer ça, la France. Nice, surtout, c'est magnifique, sur la Côte d'Azur…

— Il n'ira pas, interrompt Lucie au grand soulagement de Momo. Il est trop jeune pour voyager tout seul.

— Ce n'est plus un bébé ! De toute façon, dans les avions, ils s'occupent très bien des jeunes. Une hôtesse de l'air les prend en charge à l'aéroport…

— J'aurais trop peur. On ne sait jamais ce qui peut arriver.

— J'ai une idée : si j'y allais avec lui ? Ça fait des années que je ne suis pas retourné en France.

Lucie hésite. Momo aussi, même si on ne lui demande pas son avis. Mais ce projet a du bon : si monsieur Pacossi part avec lui, il ne pourra pas se marier avec Lucie pendant son absence.

— Dès que je l'aurai confié à son père, je partirai travailler de mon côté, ajoute le vieil artiste. Comme ça, je ne dérangerai personne. Et puis, j'ai envie de me remettre à faire des paysages.

— Si vous êtes tous d'accord... dit enfin Lucie.

Momo songe alors que ce voyage a aussi du mauvais.

Il va être pris à voyager avec un vieillard qui n'a rien de commun avec lui, qui parle tout le temps mais à qui il n'a presque jamais rien à dire.

Malgré tout, si on lui demandait son avis, il accepterait probablement. Parce que, plus il y pense, plus il a hâte de prendre l'avion pour la première fois, de découvrir un pays étranger...

Et peut-être aussi de retrouver son père, dont il se souvient à peine.

— À notre voyage, Momo ! propose monsieur Pacossi en levant son verre et en le choquant contre celui de Lucie.

Un moteur qui fait des bruits bizarres

Tout s'est bien passé. Le billet de Momo est arrivé et monsieur Pacossi a trouvé une place sur le même vol. Les passeports aussi ont été livrés à temps. Pour Momo, c'était son tout premier. Monsieur Pacossi a dû faire renouveler le sien, échu depuis plusieurs années.

Quand Lucie a offert de les conduire à l'aéroport, monsieur Pacossi a commencé par refuser, mais elle n'a rien voulu entendre.

— Voyons donc, Alexandre, vous me prêtez votre voiture pendant une semaine et je n'irais pas vous reconduire, vous et mon Maurice ? Vous n'allez quand même pas prendre un taxi, ça coûte une fortune, depuis Saint-Romain-des-Champs.

Ce qui a le plus fait plaisir à Momo, c'est que Jessica Laliberté a demandé si elle pouvait les accompagner à l'aéroport. Et Lucie a accepté.

Ce qui a le plus fait plaisir à monsieur Pacossi, c'est que sa vieille voiture a accepté de se rendre aussi loin et semblait être en mesure de ramener Lucie et Jessica à Sinro.

À l'aéroport, Momo a eu droit à un baiser ému de la part de Jessica, comme s'il partait pour dix ans. Et monsieur Pacossi a eu droit au même privilège de la part de Lucie.

Les voilà enfin dans l'avion, assis côte à côte. Momo est à gauche de monsieur Pacossi, mais il a à sa gauche à lui un gros homme dont le bras droit et une partie du ventre débordent sur son siège. « Ce serait bien, songe Momo, s'il y avait des avions pour les gros et des avions pour les petits. Le voyage en avion pour les gros coûterait plus cher, mais ça éviterait qu'ils volent la place des petits. »

Après avoir bien considéré cette idée, Momo décide d'en parler à monsieur Boeing ou à monsieur Airbus si jamais il les rencontre.

Son compagnon l'a mis en garde contre le décollage. « Tu vas voir, les avions à réaction, ce n'est pas du tout comme les avions à hélice de mon temps. Ils ont une poussée terrible, qui va t'écraser contre ton dossier. Mais n'aie pas peur, je suis là. »

Le pilote annonce enfin que l'avion va décoller. L'appareil prend de la vitesse, puis son nez se lève et Momo aperçoit, par le petit coin de hublot que lui permet de voir le ventre de son voisin de gauche, que le sol s'éloigne. Pas si excitant que ça, le décollage. À La Ronde, la plupart des manèges vous secouent dix fois plus.

Mais monsieur Pacossi ne semble pas s'être aperçu que l'avion survole déjà Montréal, puisqu'il ordonne à Momo :

— Attache bien ta ceinture. On devrait décoller bientôt.

Même si c'est son baptême de l'air et que les baptêmes, ça se fête au champagne, Momo refuse celui que lui offre l'agent de bord, une grande femme en uniforme, qui ne s'est pas donné la peine de le regarder. Il demande :

— Vous avez du jus de pomme ?

— Jus de pomme ? Oui, j'ai ça.

Bientôt, on leur sert à manger. Monsieur Pacossi réclame deux petites bouteilles de vin, puisque son compagnon n'en boit pas. Momo, lui, passe au jus de raisin, qui ressemble beaucoup au vin tant qu'on n'y a pas trempé les lèvres.

Puis les lumières s'éteignent et le film commence. Momo met ses écouteurs, trouve la bande sonore en français. Le film – une histoire d'amour – ne l'intéresse pas beaucoup. S'il était avec Jessica, il le regarderait volontiers. Mais quand on est coincé entre un homme énorme et un vieux qui dort, il est difficile de trouver romantique même la plus belle histoire d'amour.

Au milieu du film, Momo est distrait par un drôle de bruit qui vient du moteur de droite. Oui, ce moteur-là a des ratés de plus en plus évidents. Le moteur de gauche ronronne doucement, régulièrement, comme un chat qui a le ventre plein. Par contre, celui de droite ressemble à une tondeuse à gazon qui aurait un urgent besoin d'une mise au point.

Mais qui tondrait sa pelouse en pleine nuit, avec une tondeuse mal en point, à dix mille mètres d'altitude (c'est le commandant de bord qui l'a dit tout à l'heure et personne ne peut savoir mieux que lui à quelle hauteur on vole) ?

Momo regarde sa montre, que monsieur Pacossi lui a fait mettre à l'heure de France, qui a six heures d'avance sur l'heure avancée de l'Est, en vigueur à Sinro.

« Nous sommes partis à vingt heures. Et nous serons à Nice à deux heures du matin, heure de Sinro, puisque le vol prend six heures. Donc, huit heures du matin, heure de là-bas, étant donné que deux et six font huit. Ma montre me donne en ce moment cinq heures du matin, heure de France, ce qui fait vingt-trois heures, heure de Sinro. On est donc au milieu de l'Atlantique, étant donné qu'on est partis à vingt heures. »

Momo a beau être un des meilleurs de sa classe en calcul mental, il n'est pas absolument sûr de son résultat. Mais il n'en est pas moins convaincu qu'ils sont quelque part au-dessus de l'océan. L'avion pourrait-il continuer sa traversée avec un seul moteur ? Ou ne vaudrait-il pas mieux faire demi-tour ?

Le pilote doit juger qu'il peut continuer, puisqu'il ne retourne pas à son point de départ. Momo est rassuré. Mais pas longtemps, parce qu'une idée affreuse lui traverse le cerveau : le pilote ne sait pas que le moteur droit est en panne ! En fait, il n'y a qu'une personne dans tout l'avion qui le sait, parce que tout le monde dort ou a des écouteurs sur les oreilles pour regarder le film. Et cette personne, c'est Momo. Vite ! Il faut alerter un agent de bord, qui préviendra le pilote et alors il faudra peut-être descendre, se poser sur l'eau, mettre les radeaux pneumatiques à la mer. Quand le pilote criera « Les femmes et les enfants d'abord ! », Momo refusera de sortir avant les hommes. Si l'agent de bord insiste, il répliquera : « Tout à l'heure, vous vouliez me faire boire du champagne, et maintenant vous dites que je suis un enfant ? Faudrait savoir ! »

Momo retire ses écouteurs, se lève, cherche des yeux un agent de bord. Il n'en voit pas. Mais du coin de l'œil il aperçoit les narines de monsieur Pacossi qui s'écartent et se contractent de façon tout à fait rythmique. Le plus étonnant, c'est que le rythme de ces narines qui bougent est exactement le même que celui des ratés du moteur.

L'avion n'est pas en péril : c'est monsieur Pacossi qui ronfle.

Soulagé, Momo se rassoit. Il ne remet pas ses écouteurs. Il préfère réfléchir à une idée géniale qui lui est venue le jour même de l'invitation de son père. C'est un projet extraordinaire, qui va changer sa vie et celle de Lucie.

Mais il préfère n'en parler à personne – surtout pas à monsieur Pacossi – tant que ça ne sera pas fait.

À l'arrivée, rien n'arrive comme ça devait arriver

Ils ont atterri depuis quelques minutes déjà. Les voilà devant un guichet avec un policier coiffé d'un képi rond. « Pas rond, cylindrique », se corrige Momo. Rond, c'est comme une boule. Cylindrique, c'est comme un tuyau de poêle ou un képi de gendarme français.

Monsieur Pacossi a les mains pleines de papiers – pour prouver qu'il n'a pas enlevé Momo, qu'il a l'autorisation de sa mère de l'emmener en France, qu'il a la citoyenneté française même s'il voyage avec un passeport canadien. Mais le douanier ne le laisse pas ouvrir la bouche. Il se contente de jeter un rapide coup d'œil aux passeports.

— Bienvenue en France.

Momo bâille devant le tapis roulant, dans la zone de retrait des bagages. Malgré l'endormant film d'amour, il n'a presque pas dormi. Il est neuf heures du matin, heure de Nice, mais trois heures du matin, heure de Sinro. Autant qu'il s'en souvienne, il ne s'est jamais levé si tôt. Ni couché si tard.

Mais cela n'empêche pas le soleil de resplendir dans les grandes fenêtres de l'aérogare, tout près de la mer Méditerranée. C'est un bâtiment moderne, entouré de palmiers. Même si Momo n'a jamais vu de palmiers, ça ne peut être que ça, parce que ça ressemble parfaitement aux palmiers qu'on voit dans les films et dans les livres. D'ailleurs, monsieur Pacossi le confirme :

— Regarde : des palmiers.

Ah ! Voilà leurs bagages qui arrivent. Monsieur Pacossi a insisté pour qu'ils aient chacun un sac à dos. « C'est bien plus commode. Par exemple, si on ne trouve pas de taxi, et c'est souvent difficile de trouver un taxi, en France, on n'a qu'à marcher avec les sacs à dos sur le dos. »

Momo n'était pas tout à fait d'accord sur un point, mais n'en a rien dit : il est sûrement plus difficile de trouver un taxi à Sinro qu'en France, parce qu'il n'y a pas de taxi à Sinro. On peut en faire venir un de Bougainville, de l'autre côté de la rivière Saint-Romain, mais alors le taxi doit prendre le traversier. Et non seulement il faut payer le prix de la traversée, en plus il faut payer le taxi au tarif de l'attente, le temps qu'il soit rendu sur l'autre rive. C'est pour ça que personne à Sinro ne fait jamais venir de taxi. Et comme tout le monde sait que les gens de Sinro ne prennent jamais de taxi, aucun chauffeur de taxi n'est assez fou pour aller s'y installer. Momo connaît le nom de ce phénomène : un cercle vicieux. Ce n'est ni rond ni vicieux, mais ça s'appelle un cercle vicieux quand même.

— Il ne faut pas qu'on oublie de téléphoner à ta mère, se rappelle alors le peintre.

En effet, Lucie leur a fait promettre qu'ils appelleraient de l'aérogare pour l'assurer que l'avion s'est bien rendu – alors que Momo sait fort bien que si l'avion ne se rendait pas à destination, toutes les radios et toutes les télévisions du Québec ne parleraient que de ça bien avant qu'ils aient le temps de trouver un téléphone.

— Mais on va commencer par trouver ton père, décide monsieur Pacossi.

Ils arrivent à une barrière entrouverte. De l'autre côté, des gens attendent des voyageurs. Il y en a qui ont des cartons avec un nom : Dupont, Masson ou Warren. Momo devine que ce sont des gens qui ne connaissent pas le visage du voyageur qu'ils sont venus chercher pour la simple raison qu'ils ne l'ont jamais vu.

Il se demande même si ce ne serait pas mieux que son père ait inscrit son nom sur un carton – Maurice ou Momo ou Monette, peu importe – parce que Momo n'est pas sûr de pouvoir le reconnaître. Lucie a beau dire souvent « Tu me fais penser à ton père », ce serait étonnant qu'ils se ressemblent tant que ça. Et comment son père pourrait-il le reconnaître ? Depuis cinq ans, Momo a au moins doublé de poids et peut-être de grandeur aussi.

Mais il n'y a pas de carton avec son nom.

Ils se font un peu bousculer par des gens qui courent embrasser les gens qui sont venus les chercher. Il y a des cris de joie, des larmes, des tapes dans le dos, des « Donne-moi ta valise » et des « Tu as une sacrée bonne mine pour quelqu'un qui arrive du Canada », mais pas un seul « Tu as grandi, Maurice, c'est à peine si je te reconnais ».

Maintenant que tous les voyageurs se sont hâtés vers les taxis, les autobus ou les voitures de leurs amis, il est évident que le père de Momo n'est pas là.

— Il a dû être retardé par la circulation, suppose monsieur Pacossi.

Mais on est dimanche matin. Il n'y a jamais de circulation dans les villes, le dimanche matin.

Ils sont debout, avec leur sac sur le dos, au milieu de l'aérogare qui achève de se vider.

— Qu'est-ce qu'on fait, pour ta mère ? demande monsieur Pacossi. On ne peut pas lui dire que ton père n'est pas venu te chercher.

— Ça l'inquiéterait pour rien, reconnaît Momo.

— Mais si on ne lui téléphone pas, elle va s'inquiéter encore plus.

Ils s'observent l'un l'autre et hochent la tête parce qu'ils se rendent compte tous les deux qu'il n'y a qu'une chose à faire : téléphoner à Lucie et lui dire que tout va bien et que le père de Momo est avec eux.

— De toute façon, il va être là dans deux minutes, affirme monsieur Pacossi.

Momo le suit jusqu'au téléphone public le plus proche.

— Heureusement, ma fille m'a envoyé une carte de téléphone.

Il tire de son portefeuille une carte de plastique qu'il insère dans une fente. Il fait le numéro des

Monette, qu'il connaît par cœur parce qu'il téléphone chez ses amis tous les jours quand il ne va pas faire un tour et même certains jours pour leur dire qu'il va passer les voir.

— Bonjour, Lucie. On est rendus... Oui, impeccable... Je vous le passe.

Momo prend le téléphone.

— Ton père est là ? demande Lucie.

— Ouais, murmure Momo.

Momo n'aime pas mentir et il a dit un oui qui ressemble beaucoup à un ouais, ce qui ne veut pas tout à fait dire oui sans pour autant signifier carrément non.

— Passe-le-moi, je veux lui parler.

Catastrophe ! Comment Momo pourrait-il passer son père à sa mère, quand il n'est pas là ? Vite, un autre mensonge :

— Il est aux toilettes. Je vais lui dire de te rappeler plus tard.

— Bon. Amuse-toi bien, mais sois prudent.

Avant de raccrocher, Momo a encore le temps d'entendre Lucie murmurer :

— J'ai déjà hâte de te revoir.

Et voilà que Momo a les larmes aux yeux. Lui aussi, il a déjà hâte de revoir sa mère, alors qu'il était sûr qu'une semaine, ce ne serait jamais assez pour s'ennuyer d'elle.

— Heureusement, j'ai mon petit calepin jaune, dit monsieur Pacossi.

Le petit calepin jaune date de plus de cinquante ans et vaut une fortune. Il contient le numéro de téléphone des plus grands artistes et écrivains du vingtième siècle, qu'il a rencontrés quand il était jeune : Dubuffet, Sartre, Bellefleur, Breton, Giacometti, Stravinsky. Il est vrai que tous ces gens-là ont déménagé ou sont décédés depuis que leur numéro a été noté dans le calepin, mais il n'empêche, d'après son propriétaire, que ce calepin a une valeur inestimable. Encore plus maintenant, puisque Lucie lui a fait inscrire tous les renseignements indispensables à leur voyage, à commencer par le nom, l'adresse et le numéro de téléphone du restaurant du père de Momo.

Mais il y a un problème : le petit calepin jaune n'est plus dans la poche droite du pantalon, où il est toujours. Ni dans la poche gauche. Ni dans les poches arrière. Ni dans la chemise. Ni dans le blouson.

— Il est sûrement quelque part dans mon sac.

Et monsieur Pacossi entreprend de vider son sac à dos sur le plancher de l'aérogare. Ce n'est pas grave, puisqu'il n'y a plus personne. Ses calepins de dessin, ses tubes de peinture à l'huile et d'aquarelle sont étalés tout autour de lui.

Toujours pas de calepin jaune.

— À moins qu'on l'ait mis dans ton sac à toi, suppose monsieur Pacossi sur le ton de celui qui se doit de chercher partout, même là où il est sûr de ne pas trouver ce qu'il cherche.

Momo renverse son sac sur le sol. Pas de calepin jaune. Par contre, un autre avion vient d'arriver et la salle se remplit de voyageurs. Momo se hâte de remettre ses affaires dans son sac. Monsieur Pacossi aussi. Mais il a des tas de petites choses à ramasser. Ses tubes de peinture, par exemple. Et ne voilà-t-il pas que quelqu'un met le pied sur un tube de peinture à l'huile mal fermé. Une éclaboussure rouge aboutit dans le dos de l'uniforme d'un pilote d'avion qui passait par là en traînant derrière lui une petite valise à roulettes. Le peintre met un doigt sur sa bouche pour signifier à Momo qu'il vaut mieux ne rien dire : ils ont déjà assez d'ennuis comme ça.

Et Momo ne dit rien. Même pas à monsieur Pacossi, qui a maintenant une belle tache rouge à l'avant de son chapeau de toile bleue.

Quand on perd son père, il ne faut pas perdre son nom

Les sacs à dos sont remplis. Ils ont même l'air plus pleins qu'avant, puisque nos deux voyageurs y ont remis leurs affaires pêle-mêle.

— On n'a qu'à chercher le nom de ton père dans l'annuaire, décide monsieur Pacossi. Espérons seulement qu'il n'y a pas mille Monette à Nice.

Il se dirige vers un comptoir, s'adresse à un homme qui a sur sa veste l'écusson d'un service de location de voitures.

— Excusez-moi, jeune homme, est-ce que je pourrais emprunter votre annuaire des téléphones ?

— Voilà, monsieur.

Monsieur Pacossi ouvre l'annuaire.

— Monard, Mondieu, Monette. Ça tombe bien, il n'y en a que deux. C'est quoi, le prénom de ton père ?

— Emmanuel.

— Pas de chance, il n'y a pas d'Emmanuel. Mais il y a un E. Monette. C'est sûrement lui.

— Ça m'étonnerait, dit Momo.

— Pourquoi ?

— Parce que mon père ne s'appelle pas Monette.

Momo explique à monsieur Pacossi que Lucie a pris le nom de son mari en se mariant. Quand ils se sont séparés, elle a décidé de reprendre son nom de jeune fille : Monette. Et, tant qu'à y être, elle a fait donner à son fils le même nom de famille.

— Elle a bien fait, approuve monsieur Pacossi. D'ailleurs, je n'ai jamais compris pourquoi les femmes changeaient de nom en se mariant. Mais c'est de l'histoire ancienne, ça. Alors, c'est quoi ?

— C'est quoi, quoi ?

— C'est quoi, le nom de ton père ?

— Emmanuel.

— Pas son prénom, son nom de famille !

Momo baisse les yeux, parce qu'il a très honte. Mais ce n'est pas vraiment de sa faute. Lucie ne parle presque jamais de son père à la maison. Et quand elle en parle, elle dit simplement « ton père ».

— J'ai oublié.

Monsieur Pacossi fait bien de voyager avec un sac à dos. Parce que s'il avait des valises, elles lui tomberaient des mains. Et il s'exclame, d'une voix si forte que tous les passants, même les plus pressés de quitter l'aérogare, s'arrêtent pour regarder ce vieux grand-père qui pose à son petit-fils cette question incongrue :

— Tu ne connais pas le nom de famille de ton père ?

— Non.

— Et comment penses-tu qu'on va trouver son numéro de téléphone dans l'annuaire ?

Quelques-uns des passants qui se sont arrêtés réfléchissent un moment. Comment fait-on pour trouver le numéro de quelqu'un dont on ne connaît pas le nom de famille ? Personne n'a de réponse. Ils s'éloignent tous en hochant la tête – les uns parce qu'ils trouvent scandaleux qu'un enfant ne connaisse pas le nom de son père, les autres parce qu'ils sont étonnés qu'un grand-père ne semble pas connaître le nom de famille de celui qui ne peut être que son fils puisqu'il est le grand-père du garçon.

— Je pense que c'est un nom de métier, dit Momo.

Aussitôt, monsieur Pacossi retrouve sa bonne humeur.

— Ah, c'est un excellent indice, ça ! Des noms de famille qui sont un métier, il n'y en a pas des millions. Boulanger, par exemple ?

— Non.

— Mais c'est un métier, Boulanger.

— Oui, mais mon père, c'est un autre métier.

— Des métiers, des métiers… Laisse-moi réfléchir. Charpentier ?

— Non.

— Aide-moi, trouve des noms de métier, toi aussi.

— Mercier ? Non. Meunier, non plus. Pas Boucher…

— Pilote ? Marin ? Saucier ? suggère monsieur Pacossi.

Chaque fois, Momo secoue la tête, avant de risquer à son tour :

— Pas Cardinal. Couturier non plus. Ni Bombardier. Marchand, non, mais il me semble que je brûle.

Et tout à coup Momo exulte. Ça lui est revenu.

— Je l'ai : Masson !

— Masson, ce n'est pas un métier, proteste monsieur Pacossi. Le nom Masson, ça s'écrit avec deux *s*. Maçon, le métier, c'est avec un *ç*.

— C'est ça quand même, réplique Momo : Emmanuel Masson. Je suis sûr.

Monsieur Pacossi se replonge dans l'annuaire téléphonique.

— C'est très bien, ça, il y a une cinquantaine de Masson à Nice. Masson Christian, Masson Denise, Masson Edwige, Masson Gabriel...

Il se tourne alors vers Momo. Il n'a pas besoin de dire un mot de plus. Ils ont tous les deux compris : il n'y a pas d'Emmanuel Masson dans l'annuaire de Nice, sinon il serait entre Edwige et Gabriel Masson.

— Je parie qu'il n'a le téléphone qu'à son restaurant, suppose monsieur Pacossi.

C'est tout à fait possible. Mais ça ne règle rien, puisque le nom du restaurant était lui aussi inscrit dans le petit carnet jaune introuvable. Et il se révèle tout aussi introuvable dans la mémoire de nos deux voyageurs.

— Ah, ça me revient ! s'exclame le peintre. Il me semble que c'est un nom d'animal.

— Le cheval ? propose Momo à tout hasard.

— Non, pas le cheval. Je me souviens : c'était un nom d'animal suivi d'un adjectif.

— Comme le chien malin ?

— Bravo, Maurice ! Tu l'as !

Momo est très fier de lui. Combien de chances sur un million avait-il de tomber juste, alors qu'il ne se rappelle pas avoir vu ou entendu le nom du restaurant de son père ? Pas beaucoup plus qu'une.

— C'est dans l'annuaire ?

Mais monsieur Pacossi ne regarde pas dans l'annuaire, parce que ce n'est pas tout à fait ça.

— Non, non, le nom du restaurant, ce n'est pas *Le Chien malin*, mais c'est tout comme. Parce que j'en suis sûr, maintenant : non seulement c'est un nom d'animal suivi d'un adjectif, mais en plus ça rime, comme le chien malin, même si ce n'est pas ça. Vite, donne-moi d'autres noms d'animaux avec une rime…

— La grenouille, suggère Momo : la grenouille aux nouilles.

— Non ! Un nom suivi d'un adjectif, pas d'un autre nom. Comme le chien malin, mais pas le chien malin. Essayons avec canard.

— Le canard connard.

Monsieur Pacossi éclate de rire, mais dit aussitôt :

— Si c'était ça, je m'en serais souvenu. Mais j'ai une meilleure idée ! On n'a qu'à demander à un chauffeur de taxi. Les chauffeurs de taxi, ça connaît tous les restaurants. En plus, ce sont des vieux qui vivent ici depuis leur naissance. Ils connaissent la ville par cœur. Viens…

Momo le suit. Ils passent la porte, sont enfin dehors. Il fait chaud comme pendant les plus chaudes journées d'été à Sinro. Mais il y a un vent frais qui rend la chaleur tolérable.

— Arrête-toi et respire l'air de la Provence, ordonne monsieur Pacossi.

Momo inspire à fond, pendant que son compagnon précise :

— Tu sens cette odeur? Un mélange de sel de mer, de champs de lavande et de...

Il renifle en plissant les yeux, cherche à reconnaître le parfum qui lui chatouille les narines.

— ... ma foi, je ne me trompe pas : on dirait de la peinture à l'huile. Oui, c'est ça : la Côte d'Azur a toujours senti la peinture à l'huile.

Il est absolument ravi. Et Momo n'ose pas le décevoir en lui signalant que l'odeur de peinture à l'huile vient bien plus de la tache rouge sur son chapeau que d'hypothétiques champs de peinture à l'huile.

À la pêche au poisson qui rime

Ils sont maintenant dans un taxi. Pas du tout, comme l'imaginait monsieur Pacossi, conduit par un vieux Niçois qui connaît la ville comme le fond de sa poche, mais plutôt par un jeune homme à la peau noire, coiffé d'un bonnet multicolore.

— Où allez-vous ? demande le chauffeur.

— Nous cherchons un restaurant, répond monsieur Pacossi.

— Ah, vous tombez bien ! Mon cousin en a un, très bon, pas cher du tout. Vous aimez la cuisine malgache ?

— Vous venez de Madagascar ? s'exclame le vieux peintre. J'y suis allé dans les années cinquante...

Il se tourne vers Momo :

— Les gens de Madagascar s'appellent les Malgaches.

Momo le savait. S'il adore la géographie, c'est parce que c'est rempli de noms exotiques. Et il trouve que les gens de ce pays-là ont bien de la chance, d'avoir un pays au nom amusant, en plus de s'appeler d'un nom qu'on ne peut pas deviner si on ne le sait pas. C'est bien plus original que Québec et Québécois. Et même que Saint-Romain-des-Champs et Romanois.

Ils roulent rapidement dans une grande avenue qui longe la mer.

— C'est *Le Tananarive*, le restaurant de mon cousin, continue le chauffeur. Vous allez vous régaler.

Oui, ils ont vraiment de la chance, ces Malgaches. Ils ont même une capitale au nom amusant. Presque aussi rigolo que tous ces noms qui font le charme de la géographie : Zanzibar, Tombouctou, Ouagadougou, le volcan Popocatépetl et le lac Titicaca.

— Mais nous ne cherchons pas un restaurant où manger, proteste monsieur Pacossi.

— Qu'est-ce que vous voulez faire dans un restaurant ? De la planche à voile ? rigole le Malgache.

— Nous cherchons le restaurant du père de ce jeune homme.

Le chauffeur, déçu de ne pas amener de clients à son cousin, demande alors :

— Et comment il s'appelle, le resto de son père ?

— Justement, nous l'avons oublié, avoue piteusement monsieur Pacossi. Mais c'est le nom d'un animal suivi d'un adjectif, et ça rime. Ça doit bien vous dire quelque chose ?

Le chauffeur éclate de rire.

— Un animal avec un adjectif, et ça rime ? Comme, je ne sais pas, moi : le hareng marrant ?

— Ce n'est pas le hareng marrant, mais c'est exactement comme ça, reconnaît monsieur Pacossi.

— De toute façon, *Le Hareng marrant*, ça n'existe pas. En tout cas, pas à Nice, sinon je le saurais. Je connais tous les restaurants.

Momo constate que l'accent malgache est presque aussi rigolo que le nom de la capitale de Madagascar. À la manière dont le chauffeur de taxi a prononcé hareng marrant, il aurait cru entendre « harragne marragne ». Mais Momo ne rit pas. À l'école, madame Beaulé lui a appris qu'on ne doit jamais rire de l'accent des étrangers, si on ne veut pas faire rire de soi quand on va dans des pays étrangers.

Monsieur Pacossi ne rit pas, lui non plus :

— Vous nous avez mis sur la bonne piste, jeune homme. Je me souviens, maintenant : c'est un poisson, l'animal du nom du restaurant.

— Le saumon mormon ? hasarde Momo.

Le chauffeur éclate d'un immense éclat de rire qui secoue la voiture. Momo est vexé. Si c'est pour faire rire de lui, il préfère garder ses suggestions.

— Laissez-moi essayer encore, insiste le chauffeur. La rascasse... la rascasse qui jacasse.

— Un adjectif, pas une relative, proteste monsieur Pacossi.

— Le barracuda dada. L'espadon bidon. La morue bourrue. La daurade malade. Le requin coquin. Ah, c'est très bien, ça, le requin coquin. Si j'avais un restaurant, je l'appellerais *Le Requin coquin*. Surtout que ce n'est pas pris, comme nom de restaurant, sinon je le saurais.

Monsieur Pacossi, ça se voit, est excédé. Qu'un chauffeur de taxi malgache s'amuse, c'est son droit. Mais pas pendant que le compteur tourne.

— Si vous nous déposiez simplement dans un quartier où il y a beaucoup de restaurants ? suggère-t-il.

— Dans le port, si vous voulez. De toute façon, c'est là qu'il y a le plus de restaurants de poisson.

Oui, aussi bien commencer par là. Ils continuent de rouler. À gauche, il y a une rangée de grands immeubles – des hôtels, surtout. Il y a la mer à droite, de l'autre côté d'une large voie interdite aux voitures et envahie par des cyclistes, des marcheurs, des coureurs et beaucoup de patineurs qui font regretter à Momo de ne pas avoir apporté ses patins à roues alignées.

— C'est la Promenade des Anglais, explique le chauffeur. Ça s'appelle comme ça parce que les premiers touristes à venir ici, c'étaient des Anglais, il y a plus de cent ans.

Ils s'approchent du port, où sont amarrés des centaines de bateaux de plaisance. Un énorme navire s'apprête à accoster.

— C'est le ferry pour la Corse, dit le chauffeur.

À côté de celui-là, le traversier de Sinro aurait l'air d'une chaloupe à rames.

— Je vous laisse ici. Pour les restos, vous avez l'embarras du choix.

Monsieur Pacossi règle la course, sort avec Momo et les deux sacs à dos.

— On devrait commencer par se reposer un peu, décide-t-il.

Il avise une terrasse de restaurant où il n'y a pas un seul client.

— Je prendrais bien un petit quelque chose, ajoute-t-il en s'assoyant à une table.

Attention : extase en vue!

Ils sont là depuis dix minutes et personne n'est venu demander ce qu'ils voulaient boire ou manger. Pas étonnant, constate Momo en apercevant un panneau marqué « Fermé » suspendu dans la porte.

Momo se tourne vers monsieur Pacossi pour lui apprendre cette nouvelle, mais il constate que le vieil homme s'est endormi sur sa chaise. Il ronfle probablement. Au moins, ici ça ne s'entend pas à cause de la circulation, de plus en plus dense devant la terrasse.

Aussi bien le laisser dormir. Surtout que Momo vient d'avoir une idée. Il se lève, dissimule les deux sacs à dos sous la table et va jeter un coup d'œil aux restaurants des alentours. Surtout à leur enseigne, bien entendu.

Il y a plusieurs noms maritimes : *L'Orée du port*, *Le Café du port*, *La Goélette*. Mais pas un seul nom de poisson, surtout de poisson qui rime avec un adjectif.

Il fait demi-tour et aperçoit le nom inscrit sur l'auvent de la terrasse où somnole monsieur Pacossi : *Le Loup jaloux*. Ça rime, oui. Mais ce n'est pas un poisson, un loup. Un loup est un loup.

Monsieur Pacossi ouvre les yeux en entendant Momo déplacer sa chaise pour s'asseoir. Il se lamente :

— Le service est bien lent, ici.

— C'est parce que c'est fermé. C'est écrit dans la porte.

— Un dimanche, à midi ? C'est bien les Méridionaux, ça : toujours en train de faire la fête au lieu de travailler. Je parie que le proprio est parti à la pêche.

Quelques minutes plus tard, un taxi s'arrête devant la terrasse. Une jeune femme blonde en sort, se dirige vers eux.

C'est une belle femme, reconnaît Momo – et sûrement monsieur Pacossi aussi. Plus jolie que Lucie ? Pas exactement. C'est plutôt un tout autre genre de femme. Lucie a un visage agréable, des yeux pétillants d'intelligence, un sourire avenant, une silhouette souple et mince. Mais cette femme-là est blonde, avec des lèvres peintes, des sourcils soigneusement épilés, une poitrine généreuse, comme on dit dans les livres.

En l'apercevant, Momo écarquille les yeux, parce que la femme serre justement contre cette poitrine un bout de carton sur lequel il y a un nom d'écrit.

Le carton a la tête en bas, mais ça n'empêche pas Momo de le déchiffrer. Ce n'est pas le nom de n'importe qui. C'est le nom de son père, un nom qui a déjà été son nom à lui aussi, même s'il avait fini par l'oublier : Masson.

La femme les regarde d'un œil soupçonneux, comme s'ils étaient deux vagabonds venus mendier des sous, un repas ou, pire encore, un verre de vin.

— Qu'est-ce que vous faites là ?

— Nous attendons l'apéritif, réplique monsieur Pacossi en jouant à la perfection le rôle du client négligé.

— Eh bien, mon petit monsieur, vous apprendrez qu'aujourd'hui c'est fermé.

— Vous fermez le dimanche, maintenant ?

— Oui, c'est comme ça. Mon mari vient de se casser la jambe, il est à l'hôpital et c'est lui qui tient la cuisine. Alors, vous imaginez bien qu'on n'ouvrira pas aujourd'hui.

— Je sympathise avec vous, chère madame, mais un verre de rosé et un sandwich, il n'est pas nécessaire d'appeler Paul Bocuse à la rescousse pour servir ça, proteste monsieur Pacossi.

— Vous savez ce qu'il vous dit, Paul Bocuse ? Il vous dit d'aller vous faire voir ailleurs. Parce qu'en plus d'avoir mon mari à l'hôpital, j'ai perdu plusieurs heures à essayer de retrouver son petit morveux de fils qui devait arriver en avion. Et sa mère ne s'est même pas donné la peine de téléphoner pour dire qu'il ne venait pas.

— Écoutez, madame, vos problèmes personnels, à vous, à votre mari et à son crétin d'idiot de fils, ça ne me regarde pas.

Le ton monte et Momo craint que monsieur Pacossi et la femme en viennent à se prendre aux cheveux. Il a, en tout cas, vite compris qui est le petit morveux doublé d'un crétin d'idiot : c'est nul autre que lui.

— Monsieur Pacossi, regardez, dit-il en pointant le doigt vers le carton que tient toujours la femme.

— « Masson », lit monsieur Pacossi en tournant la tête de côté pour mieux lire. Et après ?

Il y a deux, trois secondes de réflexion chez lui comme chez la femme.

— C'est toi, le fils d'Emmanuel ? s'écrie-t-elle enfin.

Elle laisse tomber son carton, attrape Momo, le serre contre elle.

— Et c'est vous, la femme du père de Maurice ! s'écrie à son tour Alexandre Pacossi.

— D'où il sort, celui-là ? demande-t-elle à Momo.

— C'est monsieur Pacossi. Ma mère avait peur que je voyage tout seul.

Le regard de la femme change maintenant du tout au tout. Il y a deux secondes, il était méprisant. Il devient étonné, puis agréablement surpris et enfin carrément admiratif.

— Pacossi ? Pas Alexandre Pacossi ?

L'artiste hoche la tête humblement.

— Le peintre Alexandre Pacossi ?

Flatté, il sourit. Elle s'exclame :

— Vous êtes mon peintre préféré !

Le visage du vieil homme exprime un sentiment dont Momo avait entendu parler, mais dont il n'avait jamais été témoin : l'extase.

Le loup n'est pas toujours un mammifère

Brigitte – c'est comme ça qu'elle s'appelle – leur raconte tout, après leur avoir servi un verre de rosé et une orangeade.

Momo l'observe avec attention. Jusqu'à aujourd'hui, il avait toujours cru qu'il y avait deux genres de femmes : les jeunes et les vieilles. Et il était sûr de connaître la plus belle femme du monde dans les deux catégories.

Chez les jeunes (moins de seize ans), ce ne pouvait être que Jessica Laliberté. D'ailleurs, le voyage l'a confirmé. Momo n'en a pas vu de mieux ni à l'aéroport de Montréal, ni dans l'avion, ni à l'aéroport de Nice.

Chez les vieilles (seize ans et plus), Lucie était incontestablement la plus belle femme que Momo ait jamais vue. Vue pour vrai, s'entend. Parce qu'il y en a des un peu mieux, à la télévision, surtout dans les films. Le genre avec une grosse poitrine et des lèvres en couleur et des cheveux blonds comme on n'en voit jamais à Sinro.

Momo s'était toujours dit que des femmes comme ça, ça ne pouvait pas exister dans la vraie vie.

Eh bien oui, ça existe ! En un exemplaire au moins, puisque Brigitte est tout à fait ça : belle comme une actrice. En plus, pour leur raconter leur journée, à elle et à Emmanuel, elle parle avec le même accent malgache que le chauffeur de taxi.

Quand il est allé chercher Momo à l'aéroport, Emmanuel Masson a fait une chose qu'on ne doit jamais faire en sortant d'un taxi : il a couru pour passer devant la voiture et s'est fait renverser parce que le chauffeur, qui voulait reculer, regardait en arrière alors qu'il avait par erreur mis le levier de vitesse en marche avant. Une ambulance est venue le chercher aussitôt. Heureusement, il avait son téléphone portable et il a appelé Brigitte pour lui demander d'aller chercher son fils à l'aérogare. Comme elle ne l'avait jamais vu, elle a fait comme tout le monde dans une situation pareille : elle a écrit sur un carton le nom de Masson. Elle ne se souvenait plus du prénom de Maurice, mais le nom de famille suffirait amplement.

Comme aucun voyageur ne s'est présenté, elle a demandé s'il y avait un autre avion en provenance de Montréal. Et elle a attendu celui de onze heures. Toujours personne.

De son côté, Momo n'a pas prêté attention à ce nom de Masson parce qu'il avait oublié que c'était celui de son père. Et monsieur Pacossi avoue qu'il a remarqué Brigitte à l'aérogare, mais…

— J'ai seulement regardé votre visage… pas le carton.

Cela fait rire Brigitte, qui rentre à l'intérieur du restaurant pour téléphoner à l'hôpital.

— Il sort cet après-midi, annonce-t-elle en revenant. Mais vous devez avoir faim. Tiens, je vais vous faire à chacun un pan-bagnat.

Momo lève les sourcils. Il a compris « pagne-bagnat ». Mais s'il avait compris pan-bagnat, cela aurait donné le même résultat, parce qu'il n'a aucune idée de ce qu'est un pan-bagnat ou un pagne-bagnat.

— Un pan-bagnat, ça ne te dit rien ? s'étonne Brigitte, convaincue que tout le monde dans le monde entier mange des pans-bagnats tous les jours.

— C'est parce que j'ai de la misère avec votre accent malgache, explique Momo.

— Mon accent malgache ?

— Comme le chauffeur de taxi.

Monsieur Pacossi éclate de rire, explique à Brigitte que Momo a cru que son accent provençal devait venir de Madagascar, puisque c'est le même que celui du chauffeur malgache qui les a amenés ici. Brigitte rit encore plus fort. Vexé, Momo demande enfin :

— C'est quoi, votre pagne-bagnat ?

— Un pan-bagnat, c'est l'équivalent niçois du hambourgeois, explique monsieur Pacossi. Mais en dix fois meilleur – au goût et pour la santé.

Brigitte leur sert bientôt un gros sandwich dans un pain rond. Et

Momo reconnaît, dès sa première bouchée de pan-bagnat, que c'est au moins aussi bon qu'un hamburger. Même au goût, on dirait que c'est plus nourrissant : ça ressemble à une salade de thon.

— Puis, qu'est-ce que tu en penses ? demande Brigitte.

— C'est super, admet Momo.

Il n'y a qu'un problème : il y a des olives noires dans le pan-bagnat. À sa deuxième bouchée, Momo manque de chance. Il tombe sur une olive avec un noyau. Il aurait pu se casser une dent. Il met l'olive de côté dans l'assiette et mord de nouveau dans le sandwich. Vraiment pas de chance : encore un noyau d'olive.

— Fais attention, lui conseille alors monsieur Pacossi. Dans le pan-bagnat, les olives ont des noyaux. Quand on n'est pas au courant, on risque de se casser une dent.

Momo n'a pas de dent cassée, mais il commence à avoir une dent contre monsieur Pacossi, qui aurait dû le prévenir avant, pas après.

— En tout cas, vous vous êtes trompé pour une chose, dit-il pour se venger.

— Ah oui ?

— Vous avez dit que c'est un poisson, le nom du restaurant de mon père.

— Et puis ?

— Ça s'appelle *Le Loup jaloux*. Ça rime, mais un loup, c'est un mammifère, pas un poisson.

Monsieur Pacossi et Brigitte se remettent à rire de plus belle. Momo fronce les sourcils. Brigitte lui explique :

— Le loup à quatre pattes, c'est un mammifère. Mais c'est aussi le nom d'un poisson, que certaines personnes appellent le bar. Mais ici on dit loup, parce que c'est un des poissons les plus voraces de toute la Méditerranée. Un des meilleurs, aussi. Attends de goûter le loup grillé que fait ton père. Tu vas te régaler.

— Et *Le Loup jaloux*, demande encore monsieur Pacossi, pourquoi jaloux ?

— Emmanuel est l'homme le plus jaloux de toute la Méditerranée.

Monsieur Pacossi, qui avait posé sa main sur celle de Brigitte, la retire aussitôt comme s'il l'avait mise sur un rond de poêle chaud.

— Quel hôtel me recommandez-vous ? demande-t-il pour changer de sujet.

— Un hôtel ? Pas question : vous allez dormir ici. C'était une auberge, autrefois. On a plein de jolies chambres avec vue sur le port.

— Mais non, je ne peux pas accepter.

— J'insiste, monsieur Pacossi.

— Vous pouvez m'appeler Alexandre, vous savez, mais il n'en est pas question.

La discussion se poursuit pendant de longues minutes. Pourtant, Momo voit bien que monsieur Pacossi a très envie d'accepter l'invitation de Brigitte. Finalement, il cède lorsqu'il commence à craindre qu'elle cesse d'insister :

— D'accord, puisque vous insistez si gentiment. Mais à condition que je paye.

— Payer ? Jamais ! Vous savez ce qui me plairait bien plus ?

— Non ?

— Que vous fassiez mon portrait.

Momo esquisse un sourire. Brigitte va avoir une sacrée surprise en voyant le genre de portrait qu'Alexandre Pacossi va faire d'elle.

— Je ne demande pas mieux, acquiesce le peintre.

Nice,
c'est *very nice*

— Le voilà, dit Brigitte.

Un taxi vient de s'arrêter devant *Le Loup jaloux*. La portière s'ouvre et un pied couvert d'un plâtre blanc se pose sur le trottoir.

Brigitte s'avance, avec Momo et monsieur Pacossi.

Un homme sort de la voiture, se dresse péniblement sur une paire de béquilles. Mais ce ne peut pas être Emmanuel Masson.

Momo n'a pas vu son père depuis cinq ans et il ne se souvient de son visage que par les portraits de mariage que Lucie lui a montrés lorsqu'elle a fait le ménage de ses vieilles photos. Et cet homme n'a rien en commun, ni avec l'homme des photos ni avec celui de ses souvenirs. Son père était si grand que Momo lui arrivait à peine à la ceinture. Et puis il n'avait pas de barbe. Il riait souvent. Il était grand et fort, alors que l'homme qui vient de sortir du taxi dépasse à peine Momo. Il porte une barbe grisonnante. Et il grimace de douleur en posant son pied par terre.

— Te voilà, Maurice! dit l'homme.

Momo avance d'un pas. Il hésite à se jeter dans les bras de cet inconnu. Et ça tombe bien, parce qu'il est dangereux de se jeter dans les bras d'un homme qui se tient debout à l'aide de béquilles.

Il prend la main que l'homme lui tend en disant :

— Tu as grandi. Je ne sais pas si je t'aurais reconnu à l'aéroport.

— Moi non plus, balbutie Momo.

L'homme éclate d'un grand rire. Ce rire-là, Momo le reconnaît. Il ne l'a pas entendu depuis cinq ans, mais il ne peut pas se tromper : c'est celui d'Emmanuel. C'est le rire de son père.

— Va chercher le fauteuil roulant.

Le chauffeur a sorti du coffre de son taxi un fauteuil roulant replié. Momo s'en empare et monsieur Pacossi l'aide à le déployer tandis que Brigitte règle la course.

— Le verre de monsieur Pacossi est vide, remarque Emmanuel. Je le remplirais bien, mais, avec ces damnées béquilles, je vais tout renverser…

— Je m'en occupe, fait Brigitte.

Elle revient aussitôt sur la terrasse avec la bouteille de rosé, remplit le verre de son artiste préféré.

— Un verre d'eau ? demande-t-elle à Emmanuel.

— Non, merci.

— Vous n'allez pas me laisser boire seul ? s'étonne monsieur Pacossi.

— Je ne bois plus depuis trois ans.

Emmanuel ne boit plus ? Ça fait bien plaisir à Momo. Celui-ci ne sait pas vraiment pourquoi son père et sa mère se sont séparés. Mais il sait que son père buvait trop, parce que Lucie le lui a dit. Et dans ce temps-là, il lui faisait des crises de jalousie.

Si son père a cessé de boire, c'est absolument merveilleux ! Le projet de Momo devient parfaitement réalisable. Parce que le principal obstacle à la réalisation de son plan, c'est l'accord de Lucie.

Mais qu'arrivera-t-il à Brigitte, qui est gentille et sympathique ? Est-ce qu'elle va se retrouver sans mari, comme Lucie l'a été il y a cinq ans ? Ce serait bien dommage.

Il y a une solution très simple : Brigitte plaît beaucoup à monsieur Pacossi, qui est son peintre préféré. Ils n'ont qu'à se marier ensemble et tout le monde va être content !

Brigitte a loué une voiture et fermé *Le Loup jaloux* pour la semaine. Tous les jours, ils vont visiter les environs. Chaque fois que c'est possible, Momo pousse son père dans le fauteuil roulant. Mais il faut parfois le laisser seul dans la petite Peugeot quand le terrain est trop inégal ou s'il y a des escaliers à monter ou à descendre.

Ils visitent Saint-Paul-de-Vence et le célèbre musée de la Fondation Maeght, où, entre un Miró et un

Chagall, est accroché un tableau signé Alexandre Pacossi, ce qui fait bien plaisir à son auteur.

Un autre jour, ils vont à Monaco, mais Momo cherche en vain le seul Monégasque dont il ait jamais entendu parler : Jacques Villeneuve. Il doit se contenter d'admirer les yachts des millionnaires dans l'immense port de plaisance. Et il trouve que les gens de Monaco ont bien de la chance de s'appeler des Monégasques, pas des Monacoins.

Partout, Momo en a plein la vue. Les paysages, les maisons, les monuments, le ciel bleu, la mer turquoise, le beau temps, les odeurs de lavande et d'herbes fines, tout cela fait un merveilleux voyage. « Si le reste du tour du monde peut être à moitié aussi beau que tout ça, songe Momo, je vais essayer de devenir géographe. Parce que, quand on étudie la géographie, je gage que les devoirs et les leçons, c'est partir en voyage. »

Monsieur Pacossi ne les a pas accompagnés à Monaco. Ce matin-là il est parti faire de l'aquarelle dans les rues de Nice. Il peint des choses tellement ressemblantes que des touristes veulent les acheter, sans se douter qu'Alexandre Pacossi est un grand nom de l'art abstrait.

Il n'a pas réussi à enlever la tache de rouge qui souillait son chapeau préféré. Alors, il a tout simplement décidé de le transformer en œuvre d'art en le couvrant de taches de toutes les couleurs. Et ce qui l'a le plus fait rire, c'est qu'un Anglais a offert d'acheter son chapeau, en s'exclamant : «*It's very nice !* On dirait presque un Pacossi. »

Ce qui plaît le plus à Momo, c'est la ville de Nice. Surtout les ruelles du Vieux Nice, où le plus neuf des bâtiments a l'air cent fois plus ancien que la plus vieille maison de Sinro.

Il y a aussi le cours Saleya, avec son marché en plein air, ses restaurants et ses boutiques. Momo cherche un cadeau pour sa mère. Et il trouve un truc génial : un « sac-à-sacs » au motif d'olives noires et de feuilles vertes. C'est un sac de toile très joli, avec une ouverture à élastique aux deux bouts ; on met dedans les sacs de plastique d'épicerie vides qui encombrent les tiroirs de la cuisine et, quand on a besoin d'un sac, on en sort un seul à la fois. Mais monsieur Pacossi lui dit :

— C'est moi qui vais acheter un cadeau pour ta mère. Toi, trouve quelque chose pour Jessica.

Momo décide que le sac-à-sacs convient parfaitement pour Jessica. Il y a sûrement chez elle aussi des tas de sacs dans les tiroirs. « Si c'est assez beau pour maman, c'est assez beau pour Jessica », conclut-il.

Monsieur Pacossi choisit, pour Lucie Monette, une grande nappe provençale, avec un motif de fleurs multicolores.

Le soir, Momo aide son père, qui cuisine debout sur ses béquilles. Il lui apporte ingrédients et ustensiles, coupe les oignons, nettoie les poissons, tourne l'aïoli, une espèce de mayonnaise avec de l'ail.

Les plats qu'il réalise avec son père sont délicieux. La soupe au pistou, la daube, la ratatouille, la bouillabaisse avec sa rouille. Et surtout la grande spécialité du *Loup jaloux*: le loup grillé au fenouil et flambé au pastis – une boisson provençale qui sent la réglisse.

— Tu es vraiment doué, dit Emmanuel.

Ce n'est pas tout à fait vrai, mais Momo le croit un peu.

Un plan
qui tombe à plat

Une semaine, c'est vite passé, surtout quand on est en voyage.

C'est déjà la veille du départ, l'heure du déjeuner. Brigitte appelle ça le petit-déjeuner même si elle sert toujours à Momo un gros déjeuner.

Ce matin, elle rappelle à monsieur Pacossi qu'il avait promis de peindre son portrait :

— Je sais ce qu'on va faire. Maurice va aller avec son père sur la Promenade des Anglais. Pendant ce temps, je vais poser pour vous.

Voilà Momo et Emmanuel sur la Promenade des Anglais.

Ils sont d'abord passés par une boutique de location d'articles de sport. Momo a demandé :

— Avez-vous des patins à roues alignées ?

— Pardon ? a dit le commis.

— Il veut des *rollers*, a expliqué Emmanuel.

— Fallait le dire !

Et maintenant Momo patine en poussant son père, qui lui présente sa ville, assis dans son fauteuil.

— Ça, c'est le Négresco, un des meilleurs hôtels du monde. J'ai travaillé aux cuisines quand je suis venu m'installer à Nice. Je me suis fait virer parce que je buvais trop dans ce temps-là. Mais c'est ici que j'ai rencontré Brigitte. C'est elle qui m'a convaincu d'ouvrir mon restaurant. Là-bas, c'est le casino. Je n'y vais plus.

Momo jette un coup d'œil au casino. Pas très intéressant, le casino. Mais il aperçoit sur la plage quelque chose de tout à fait surprenant…

— Regarde devant ! s'écrie Emmanuel.

Trop tard. Le fauteuil roulant entre en collision avec un lampadaire et se renverse.

— Excusez-moi, dit Momo en aidant son père à se relever et à se réinstaller dans le fauteuil.

— Ce n'est pas grave. Mais qu'est-ce que tu…

Tout à coup, Emmanuel regarde lui aussi du côté de la plage, où des femmes aux seins nus prennent du soleil.

— Ah, c'était ça. Tu sais ce que ta mère dirait ?

— Non ?

— Que tu es vraiment le fils de ton père.

Momo se remet à patiner derrière le fauteuil.

Oui, Lucie dit souvent « Tu me fais penser à ton père », mais sans jamais préciser pourquoi.

Et il est bien le fils de son père. Les filles l'attirent – qu'il s'agisse de Jessica, de Brigitte ou des baigneuses niçoises.

Il s'efforce de regarder devant. Il s'écarte un peu vers la gauche, loin des cyclistes et des patineurs. C'est plus tranquille. Il ralentit. C'est le moment ou jamais de parler de son plan.

Ce n'est pas facile. Pourtant, c'est très simple : Momo voudrait convaincre son père de revenir vivre avec lui et Lucie, à Sinro. Emmanuel pourrait ouvrir un restaurant – justement, *Chez Émile* vient de fermer, à côté de la Coop. C'était un restaurant de hot-dogs. Mais ça pourrait devenir un restaurant de pans-bagnats. Ou, mieux encore, un restaurant de loup grillé au fenouil et flambé au pastis.

Est-ce que Lucie serait d'accord ? Sûrement, maintenant qu'Emmanuel ne boit plus.

Est-ce que Brigitte serait d'accord ? Peut-être pas, mais une femme comme elle, belle comme une actrice de cinéma, serait capable de trouver un autre homme, à commencer par monsieur Pacossi, qui a dit cent fois que la Côte d'Azur est magnifique et qui serait sans doute content de venir s'y installer. Ce serait triste de ne plus l'avoir comme voisin, mais retrouver son père en échange, ce serait bien mieux.

Juste au moment où Momo s'apprête à dire « Papa, j'ai pensé à une chose... », Emmanuel lui pose une question :

— Est-ce qu'il y a un homme dans la vie de ta mère ?

Pas facile, comme question. Surtout que Momo a parfaitement compris que son père demande si Lucie a un amoureux.

Et monsieur Pacossi n'est pas le seul homme dans la vie de Lucie. Elle invite parfois (une ou deux fois par année) des hommes (un à la fois) à souper à la maison. Mais Momo ne les revoit jamais. Sauf un, une fois, qui était là aussi pour déjeuner le lendemain matin. Mais il n'est jamais revenu. De toute façon, Momo devine que la bonne réponse à la question, s'il veut que son père revienne à Sinro, c'est celle-ci :

— Non.

Il y a un moment de silence. Momo en profite pour passer à l'attaque :

— Papa, j'ai pensé à une chose…

Mais Emmanuel l'interrompt :

— Dis donc, Maurice, j'ai discuté avec Brigitte et on est d'accord tous les deux…

Brigitte aussi est d'accord ? Quel bonheur !

— Oui, poursuit Emmanuel, ce serait bien mieux si tu étais élevé par un homme et une femme, pas seulement par ta mère. D'autant plus qu'ici il y a des musées, des cinémas, la plage. Je suis sûr que ça te plairait bien plus que Sinro. Tu sais, Brigitte ne peut pas avoir d'enfant. Et elle t'aime déjà beaucoup. Si ça t'intéresse, tu pourras reprendre *Le Loup jaloux* quand je serai trop vieux pour m'en occuper.

Momo commence à comprendre. Emmanuel ne veut pas du tout retourner à Sinro. Au contraire, il veut que Momo reste à Nice avec lui et Brigitte. C'est vrai que ce serait bien, les plages et pas de neige l'hiver. Mais ce n'est pas du tout ce que veut Momo.

— Le seul obstacle, continue Emmanuel, c'est ta mère. Mais je pense qu'elle accepterait, si je lui promettais que tu iras la rejoindre tous les ans pour les vacances d'été. De toute façon, Nice, c'est trop chaud en juillet-août et c'est envahi par les touristes. Qu'est-ce que tu en dis ?

Momo ne répond pas. Il n'est pas capable. Il a une boule dans la gorge. Il sent qu'il y a des larmes qui sont à un millimètre du bord de ses yeux. Il renifle pour les arrêter.

Son père penche la tête en arrière pour le regarder, juste au-dessus de lui. Leurs visages sont tête-bêche, mais ils se voient quand même les yeux dans les yeux.

— D'accord, laissons tomber, murmure Emmanuel. Je te comprends.

Oui, c'est facile à comprendre. Même si c'est tentant de venir vivre à Nice avec Emmanuel et Brigitte, c'est impossible de quitter tout d'un coup Sinro et Lucie et Jessica et monsieur Pacossi. Et même les amis comme Simon Dubois, qui fait des mauvais coups tout le temps. Mais les copains, c'est les copains. Ce n'est pas facile de les abandonner.

Momo essuie ses yeux sur sa manche.

— J'ai une poussière dans l'œil, prétend-il.

— Il est presque midi. Si on allait manger au *Café du port*, juste toi et moi ? offre Emmanuel. Tu pars demain et on ne s'est presque pas parlé.

Un portrait vraiment étonnant

Au *Café du port*, Momo et son père passent des heures à se parler, à se raconter leur vie. Momo, surtout, qui ne parle pas beaucoup d'habitude, lui explique que tout le monde à l'école l'appelle Momo parce que son nom, Maurice Monette, ça fait Momo. Il n'aime pas ça, mais il a quand même plus de chance que Pierre Picard, un garçon de sa classe.

Il raconte la fois où il avait entrepris de teindre la gloriette de monsieur Pacossi : il avait mélangé des couleurs tout de travers, mais finalement son vieux voisin avait trouvé ça très beau.

Il raconte aussi comment il a fait la connaissance de Jessica Laliberté, pendant un match de hockey, alors qu'il n'avait jamais patiné avec des patins à glace. Et encore qu'un jour il a fait le Vélotour des deux rives avec une bicyclette de fille, mais presque personne n'a ri de lui. Même que c'est ce jour-là qu'on peut dire que Jessica est devenue sa blonde.

Ah oui, il ne faut pas oublier qu'une fois tout le monde croyait monsieur Pacossi disparu. L'ambassadeur de France est venu à Sinro, et c'est Momo qui a fait son enquête et retrouvé le vieil artiste.

Momo raconte tout ça comme c'est arrivé. Le seul problème, c'est que, trois fois sur quatre, il dit vous à son père, sans faire exprès. Ça pourrait lui faire de la peine, mais ça n'empêche pas Emmanuel de rire en l'écoutant. Il rit tellement fort qu'il en pleure, parfois. À moins qu'il ne pleure pour une autre raison.

— Et puis ? demande Brigitte en voyant rentrer Emmanuel dans son fauteuil poussé par son fils.

— C'est non, dit Emmanuel. Et je pense que c'est mieux comme ça.

— C'est dommage, dit-elle en caressant la tête de Momo. Tu vas revenir nous voir souvent, j'espère ?

Momo hoche la tête. Il remarque une chose bizarre. Il est tard et Brigitte est en robe de chambre, et on devine qu'elle n'a rien dessous.

— Venez voir, dit-elle.

Momo poussant toujours Emmanuel, ils la suivent dans la cuisine, où monsieur Pacossi a installé une toile sur un chevalet.

— Ça faisait au moins trente ans que je n'avais pas peint de portrait, et je suis plutôt fier de moi, si vous voulez mon avis.

Momo et Emmanuel avancent encore, contournent le chevalet. Les voilà devant le tableau.

— C'est superbe ! s'exclame Emmanuel.

— Ce n'est pas bien loin du cubisme, mais en plus arrondi, explique monsieur Pacossi. Un peu comme certains Picasso, mais avec plus de tendresse, je dirais, sans vouloir me vanter.

— Qu'est-ce que tu en penses, Maurice ? demande Emmanuel.

Son fils hésite à donner une opinion. Le portrait ressemble beaucoup aux tableaux abstraits de monsieur Pacossi. Il y a les mêmes couleurs vives, les mêmes grands coups de pinceau avec un peu de relief. Sauf que ce n'est pas du tout abstrait, même si ce n'est pas non plus totalement ressemblant. On reconnaît le visage de Brigitte – ses yeux noirs, ses lèvres épaisses, son nez droit, ses cheveux blonds ébouriffés.

Mais il y a une chose qui gêne Momo, et qui le fait rougir jusqu'aux oreilles : Brigitte est toute nue sur son portrait !

— C'est beau, bredouille-t-il enfin.

— Je le vois très bien dans le restaurant, juste derrière la caisse, suggère monsieur Pacossi.

— Vous n'allez pas nous le donner ? Ça vaut une fortune ! proteste Brigitte.

— Vous me voyez monter en avion avec ça ? Et puis, ça ne m'a pris que quelques heures, alors que vous m'avez logé pendant toute une semaine...

La discussion se poursuit de longues minutes, même s'il est évident pour tout le monde que c'est le peintre qui va gagner.

Pendant toutes ces minutes, Momo examine le tableau.

Juste au moment où il cesse d'être troublé et qu'il est convaincu qu'il ne rougit plus, son père dit :

— Je ne sais pas où on va le mettre, mais ce ne sera pas près de la caisse. Ni ailleurs dans le restaurant.

C'est fini. Ils sont de retour à l'aéroport de Nice.

Momo est content de rentrer chez lui. Mais pas content de quitter son père alors qu'il le connaît si peu.

Brigitte et Emmanuel accompagnent les voyageurs jusqu'à la file qui attend de passer les contrôles de sécurité. Momo est debout derrière le fauteuil de son père.

L'attente va être longue. Emmanuel fait un signe à Brigitte, qui se penche vers lui. Il lui dit quelque chose à l'oreille.

— Venez, Alexandre, nous allons prendre un dernier café.

— J'ai déjà pris deux cafés ce matin.

Mais Brigitte le tire par le bras et l'entraîne avec lui. Momo comprend que son père veut qu'ils soient seuls ensemble pendant quelques instants encore.

— Tu sais, Maurice, ça m'a fait plaisir de te revoir. J'espère que tu reviendras.

— Vous pouvez aussi venir chez nous, je pense que ça ferait plaisir à maman.

Une gaffe monumentale ! Momo a encore vouvoyé son père, qui va s'imaginer que Lucie serait enchantée de recevoir Brigitte à la maison, alors que rien n'est moins sûr.

— Je voulais dire tu, bredouille-t-il.

— C'est ce que j'avais compris. De toute façon, je ne pense pas que ta mère ait très envie de me revoir. Tu sais, je n'ai pas été un très bon mari. Je dirais même que j'étais plutôt pourri. J'étais jeune. Je buvais. Finalement, j'avais l'impression que je vous faisais plus de mal que de bien. C'est pour ça que je suis parti.

Il y a un moment de silence. Momo se demande ce qu'on dit à son père dans des circonstances pareilles. Il ne trouve rien.

— Je suis sûr, dit encore Emmanuel, que toi, tu vas faire un bon mari et un bon père quand le temps viendra.

Momo a envie de répondre « Je le jure ». Mais il se rappelle encore cette phrase que dit parfois Lucie : « Tu me fais penser à ton père. »

Une fois revenu, Momo commence à en revenir

Elles sont là, qui les attendent en agitant les bras pour s'assurer que les deux voyageurs les verront.

Bien sûr, Momo les voit. Il a un moment d'hésitation. Dans quels bras va-t-il se jeter d'abord ? Dans ceux de Lucie – ou dans ceux de Jessica ?

Il hâte le pas, dépasse monsieur Pacossi, qui cherche encore Lucie des yeux.

Ni Lucie ni Jessica ne sont vexées, parce que Momo se retrouve simultanément et également dans leurs bras à toutes les deux. Il reçoit plein de baisers et en rend autant. Lucie et Jessica s'écrient, avec une coordination digne de championnes de nage synchronisée :

— Tu nous as manqué, tu sais !

Dans la voiture, les voyageurs ont l'occasion de raconter leurs aventures. C'est monsieur Pacossi qui parle le plus. Les Français parlent tout le temps, songe Momo, qui n'a probablement pas dit cent phrases de tout son voyage – sauf hier après-midi, avec son père qui voulait tout savoir de lui.

Le peintre évite deux sujets, après en avoir discuté avec Momo dans l'avion. D'abord, le petit calepin jaune introuvable alors que personne ne les attendait à l'aérogare, parce qu'il faudrait dire à Lucie qu'ils lui ont menti au téléphone. Et ensuite Brigitte. Si Lucie les interroge, ils essaieront de laisser entendre que c'est une femme tout à fait ordinaire, pas particulièrement agréable à regarder. Mais Lucie ne semble pas s'intéresser à elle. Elle dit seulement :

— Vous avez oublié votre calepin jaune chez nous. J'espère que ça ne vous a pas causé de problème.

— Non, pas du tout, dit Alexandre Pacossi en lançant un clin d'œil à Momo.

Ils sont enfin assis dans la salle à manger des Monette.

— On a apporté des cadeaux, dit Momo. Moi, j'en ai un pour Jessica.

Il sort un joli paquet que lui a emballé la vendeuse, à Nice. Jessica, excitée, l'ouvre, puis fronce les sourcils.

— Qu'est-ce que c'est ? demande-t-elle.

— C'est un « sac-à-sacs », explique Momo. On met à ce bout-là les sacs de plastique pour éviter qu'il en traîne partout. Ensuite, on n'a qu'à tirer à l'autre bout pour les sortir un par un.

— Ah bon. Merci.

C'est bizarre : Jessica n'a pas l'air aussi heureuse de son cadeau que Momo s'y attendait. Lucie s'en aperçoit et dit en riant :

— Je peux te donner un conseil, Maurice ? Le dernier cadeau à offrir à une femme, c'est quelque chose qui sert dans la cuisine.

— Mais non, ça me plaît beaucoup, proteste Jessica.

Momo a compris. Jamais il n'offrira à sa mère, à Jessica ou à n'importe quelle autre femme un grille-pain, de la vaisselle ou des ustensiles.

Monsieur Pacossi aussi a compris, puisqu'il sort de son sac à dos non pas la nappe destinée à Lucie, mais une bouteille de Nuits-Saint-

Georges – un vin de la ville où il est né.

— Ça, c'est pour vous, Lucie. Et c'est à boire dans la salle à manger, pas à la cuisine.

— À une condition : qu'on l'ouvre tout de suite.

Il y a encore une discussion à savoir si Lucie doit boire sa bouteille en cadeau quand il sera là ou quand il n'y sera pas, alors qu'il est évident que monsieur Pacossi a absolument envie de prendre un verre tout de suite. Même que cela rassure Momo : plus il boira, moins il y aura de chances que Lucie le prenne comme mari.

Jessica accepte un peu de vin dans son verre. Momo, lui, met la main sur le sien, comme il a vu son père le faire pour signifier qu'il ne voulait pas boire.

— Comme tu voudras, dit Lucie, qui n'a pas du tout envie d'insister.

— Vous ne savez pas la nouvelle ? demande alors monsieur Pacossi à Lucie.

— Quelle nouvelle ?

— Il ne boit plus. Depuis deux ans.

Il n'a pas dit qui ne boit plus, mais Lucie devine de qui il s'agit.

— Tant mieux pour lui, dit-elle avant d'ajouter : de toute façon, il est trop tard.

Oui, et Momo le sait. Son père et sa mère se sont éloignés. Pour toujours. Il n'y peut rien. C'est peut-être aussi bien comme ça.

— Ah, mais vous ne savez pas l'autre nouvelle ? demande encore le peintre.

— Laquelle ?

— Je me suis remis au portrait.

Momo serre les dents. Monsieur Pacossi va raconter qu'il a peint le portrait de Brigitte, alors qu'il ne devait pas parler d'elle devant Lucie.

Heureusement, monsieur Pacossi vient de se souvenir de sa promesse. Et il détourne l'attention avant qu'on lui demande de qui il a fait le portrait :

— Je pourrais peindre le vôtre, Lucie, si vous acceptez de poser pour moi. Et je vous donnerai le portrait, bien entendu, comme à... comme de raison.

— Oui ? Mon portrait à moi ? J'adorerais ça ! Et je vous préviens : je ne vous laisserai pas oublier. On commence demain matin, si vous voulez.

Ils rigolent tous. Sauf Momo. Une image vient de lui traverser l'esprit : sa mère qui pose pour monsieur Pacossi. Ensuite, pendant des dizaines d'années, le portrait de Lucie toute nue va trôner sur un des murs du salon.

Mais Jessica le tire de cette réflexion pour le plonger dans une autre, encore pire :

— Moi aussi, j'aimerais ça.

— Que je fasse ton portrait ? demande le peintre.

— Oui.

— Avec plaisir, ma chère Jessica.

Momo est furieux. Il aurait presque envie de sauter à la gorge de monsieur Pacossi. Ça doit se voir qu'il n'est pas content, parce que Lucie lui demande :

— Y a quelque chose qui ne va pas, Maurice ?

— Non, ça va.

— C'est incroyable, des fois, comme tu ressembles à ton père.

Moi ? se demande Momo. Oui, quand il est jaloux, il doit avoir l'air d'un loup jaloux, lui aussi.

Le portraitiste de ces dames a compris ce qui embête Momo et il entreprend aussitôt de préciser :

— Pas question de poser nues, évidemment…

Soulagement. Les dents de Momo se desserrent, ses poings se détendent, le rouge de son visage disparaît. Jusqu'au moment où Alexandre Pacossi ajoute, en lui lançant un clin d'œil moqueur :

— Sauf si vous insistez, bien entendu.

Saint-Antoine-sur-Richelieu,
de juin à novembre 2002.

AGMV Marquis
MEMBRE DE SCABRINI MEDIA
Québec, Canada
2003